VHL-Handbuch für Kinder

Ein Handbuch für Eltern und Kinder mit von Hippel-Lindau (VHL)

Verfasst von Melissa Kruger, Gayun Chan-Smutko, Christina Doyle und Alison Eckerman

Vorwort von Anna Muriel, M.D., M.P.H.

Illustriert von Alex, Amy, Aubrey, Carissa, James, Justin, Keri, Megan, Mickey und Noah

Übersetzt ins Deutsche von Kerstin Gröpper

Veröffentlicht in Deutschland
Gedruckt in Deutschland
Erstabdruck 2010

Deutsche Ausgabe, ISBN 978-1-929539-11-6
Originalausgabe (Englisch) ISBN 978-1-929539-02-4

VHL Family Alliance
2001 Beacon Street, Suite 208
Boston, MA 02135

**Verein VHL (von Hippel-Lindau)
betroffener Familien e.V.**
Rembrandtstraße 2, D-49716 Meppen
www.hippel-lindau.de / info@hippel-lindau.de

Die Barmer GEK hat den Druck und die Verbreitung finanziell gefördert.

Herstellung und Verlag:
BoD - Books on Demand, Norderstedt
ISBN 978-3-8423-2614-9

INHALTSVERZEICHNIS

Gewidmet der Gesundheit
und dem Glück
aller Kinder und Familien.

VORWORT: Ein Hinweis für die Eltern

Dieses Handbuch ist für Sie vor allem als ein Leitbuch geschrieben, das Ihnen helfen soll, mit Ihren Kindern über die von Hippel-Lindau Erkrankung zu sprechen. Es soll Kindern aller Altersgruppen den Begriff VHL erläutern. Es kann auch als Ausgangspunkt für Gespräche genutzt werden, inwieweit sich VHL auf Ihre Familie ausgewirkt hat. Das Buch kann am hilfreichsten sein, wenn ein Mitglied Ihrer Familie direkt betroffen ist und Ihre Kinder vielleicht mit Untersuchungen rechnen müssen.

Sie kennen Ihre Kinder am besten. Ich schlage vor, dass Sie das komplette Buch zunächst für sich allein lesen und anschließend darüber nachdenken, inwieweit es für Ihre Kinder hilfreich sein könnte. Ihre Herangehensweise können Sie vom Alter Ihrer Kinder abhängig machen, und wie diese die gegebenen Informationen erfassen und verarbeiten können. Fragen Sie Ihre Kinder, ob sie es laut vorgelesen bekommen möchten, um es dann gemeinsam mit Ihnen zu besprechen, oder ob sie es allein für sich lesen und anschließend mit Ihnen darüber sprechen wollen. Vielleicht möchten Ihre Kinder es auch gar nicht lesen. Sie können jedoch Anregungen aus dem Buch bekommen, wie Sie Ihren Kindern VHL leicht verständlich erklären.

Sie können ein Gespräch beginnen, indem Sie Ihre Kinder beispielsweise fragen, was sie bereits über VHL wissen. Ermutigen Sie Ihre Kinder, Fragen zu stellen, die sie möglicherweise bereits haben. Versuchen Sie, die Fragen zu beantworten und auch unterschwellige Sorgen herauszuhören. Seien Sie grundsätzlich offen für die Fragen Ihrer Kinder. Möglicherweise stellen Ihre Kinder sofort Fragen, nachdem Sie Ihnen einige Informationen gegeben haben, vielleicht aber auch erst eine Weile später. Nehmen Sie sich die Zeit, um Missverständnisse hinsichtlich Informationen, die Sie oder Ihre Kinder erhalten, sei es von den Anbietern im Gesundheitswesen, von anderen VHL betroffenen Familien, dem Internet oder anderer Seite, auszuräumen. Definieren Sie für sich, was für Sie und Ihre Familie von Bedeutung ist.

Wir hoffen, dass dieses Buch Ihnen für ein Leben mit VHL hilfreich ist.

Anna Muriel, MD,MPH
Kinder- und Jugendpsychiaterin, Massachusetts General Hospital
Co-Autorin, „Raising an Emotionally Healthy Child when a parent is sick"

Eltern brauchen auch das
Von Hippel – Lindau (VHL) – Eine patientenorientierte Krankheitsbeschreibung
Es enthält Informationen zu Vorsorgeuntersuchungen für Betroffene aller Altersgruppen, die Sie mit Ihrem zuständigen Arzt besprechen können.

KAPITEL 1: EINLEITUNG

Worum geht es in diesem Buch?

Das VHL-Handbuch für Kinder wurde für Kinder aller Altersgruppen auf der ganzen Welt geschrieben. Dieses Buch wird dir und deinen Eltern helfen mehr über von Hippel-Lindau, abgekürzt VHL, zu erfahren. Vielleicht hast du oder jemand, den du sehr lieb hast, VHL. Dieses Buch wird dir leicht verständlich erklären was VHL bedeutet, wie man es bekommt und wie man damit leben kann.

Lies dieses Buch zusammen mit deinen Eltern. Sie können dir dann einige Dinge erklären und Fragen beantworten, die du hast. Wenn du möchtest, kannst du mit deinen Eltern ein Kapitel nach dem anderen lesen oder einfach mittendrin mit einem Kapitel deiner Wahl anfangen. Du brauchst nicht das ganze Buch auf einmal zu lesen, da es sehr viele Informationen für dich bereit hält. Du kannst auch bestimmte Kapitel später noch einmal lesen. Wie du dieses Buch benutzt, liegt also ganz bei dir und deinen Eltern.

Du wirst einige Worte lesen, die du vielleicht vorher noch nie gehört hast und die neu für dich sind. Sie sind **fett gedruckt**. Am Ende des Buches findest du eine Wörterliste, die dir hilft, diese für dich neuen Worte zu verstehen. Du findest auch Fragen von Kindern, die VHL haben. Diese Fragen sind <u>unterstrichen</u>. Die Antworten dazu findest du direkt im Absatz unter den jeweiligen Fragen.

Wir hoffen, dass dieses Buch dir helfen wird VHL besser zu verstehen. Es soll dir die Angst vor VHL nehmen, so dass du dein Leben in vollen Zügen genießen kannst!

Bild von Keri K., 6 Jahre

KAPITEL 2: WAS IST VHL?

Was ist **VHL**?

VHL ist eine Abkürzung und steht für die **von Hippel-Lindau** Erkrankung. Sie ist nach zwei Ärzten benannt, die diese Erkrankung als erstes entdeckten: Dr. Eugen **von Hippel** und Dr. Arvid **Lindau**. **VHL** ist eine seltene Krankheit, was bedeutet, dass es im Gegensatz zu anderen bekannten Krankheiten nicht viele Betroffene auf der Welt gibt. Auch wenn diese Krankheit selten auftritt, so gibt es aber doch tausende Menschen auf der Welt, die **VHL** haben.

Nur weil ein Mensch **VHL** hat, bedeutet das nicht automatisch, dass er auch krank ist. Die Mehrheit der Menschen mit VHL fühlt sich meistens gut. Verglichen mit einem gesunden Menschen, ist bei einem Menschen mit **VHL** lediglich die Wahrscheinlichkeit höher, dass in bestimmten Bereichen des Körpers **Tumoren** wachsen oder sich **Zysten** bilden.

Was sind **Tumoren**?

Unser Körper besteht aus Millionen von **Zellen**. Jede **Zelle**, wie z.B. die Hautzelle, Gehirnzelle oder Nierenzelle, hat ihre eigene Aufgabe. Gesunde **Zellen** erneuern sich normalerweise selbst, sofern sie mit normaler Geschwindigkeit wachsen. Wenn beispielsweise die Nierenzelle jedoch anfängt schneller zu wachsen als normal, kann in der **Niere** ein **Tumor** entstehen. Ein **Tumor** ist ein Zellklumpen, dessen Zellen sich nicht mehr wie normale Zellen verhalten. Bei Menschen mit **VHL** wachsen diese **Tumoren** und sehen aus wie aneinander geknüpfte Knoten.

Menschen mit **VHL** können auch **Zysten** wachsen. **Zysten** sind keine **Tumoren**. Eine **Zyste** ist eine Ansammlung von Flüssigkeit, die oft in den **Nieren** oder der **Bauchspeicheldrüse** zu finden ist. Die meisten **Zysten**, die im Bauch entstehen, bereiten keine gesundheitlichen Probleme und die Organe können trotzdem normal funktionieren.

Eine Zelle

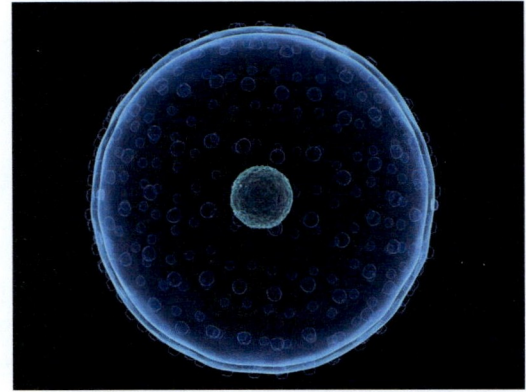

Eine Zellgruppe

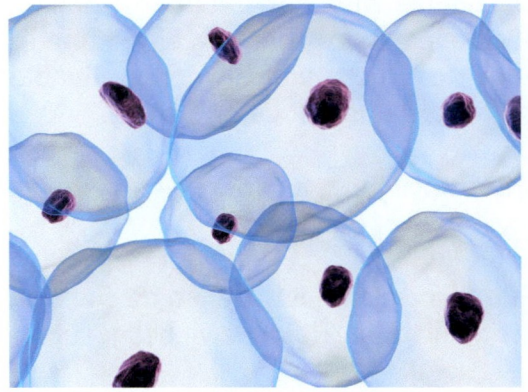

Zellen, die sich in Tumoren verwandeln

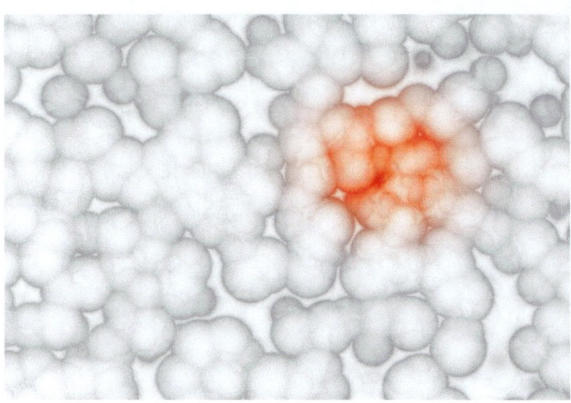

Was für **Tumoren** kann ein Mensch mit VHL bekommen?

Menschen mit **VHL** können **Tumoren** in unterschiedlichen Bereichen des Körpers bekommen. Sie können an folgenden Stellen entstehen:

Gehirn: Das **Gehirn** befindet sich in deinem Kopf und ist das Hauptkontrollzentrum deines Körpers und zuständig für dein Nervensystem. Dein **Gehirn** hilft dir zu denken und kontrolliert außerdem, ob dein Körper richtig funktioniert.

Rückenmark: Deine **Wirbelsäule** besteht aus vielen Knochen. Die Knochen sehen dabei aus wie aufeinander geschichtete Ringe, die den ganzen Rücken hinuntergehen. Die **Wirbelsäule** wird auch Rückgrat genannt. Die grüne Linie in der Zeichnung stellt das **Rückenmark** dar, das wie eine Kabelleitung durch diese Knochen nach unten verläuft. Über das **Rückenmark** werden Signale zwischen deinem **Gehirn** und allen Teilen deines Körpers ausgetauscht.

Augen: Deine **Augen** sind Sehorgane, mit deren Hilfe du sehen und Licht erkennen kannst.

Ohren: Deine **Ohren** sind Hörorgane, mit denen du Geräusche wahrnehmen kannst. Sie sind außerdem wichtig für dein Gleichgewichtsgefühl.

Nieren: Du hast zwei **Nieren**, die sich in deinem Bauch befinden. Die **Nieren** sind Organe, die dein Blut reinigen und Abfallstoffe deines Körpers entsorgen, indem sie Urin bilden.

Nebennieren: Deine **Nebennieren** befinden sich oberhalb deiner **Nieren**. Sie sind dafür zuständig, dass die richtige Menge an **Hormonen** ausgeschüttet wird, und Botschaften von einer **Zelle** zur nächsten gelangen.

Bauchspeicheldrüse: Deine **Bauchspeicheldrüse** ist ein Organ, das sich hinter deinem Magen befindet. Es hilft dabei, das Essen in deinem Magen zu verdauen.

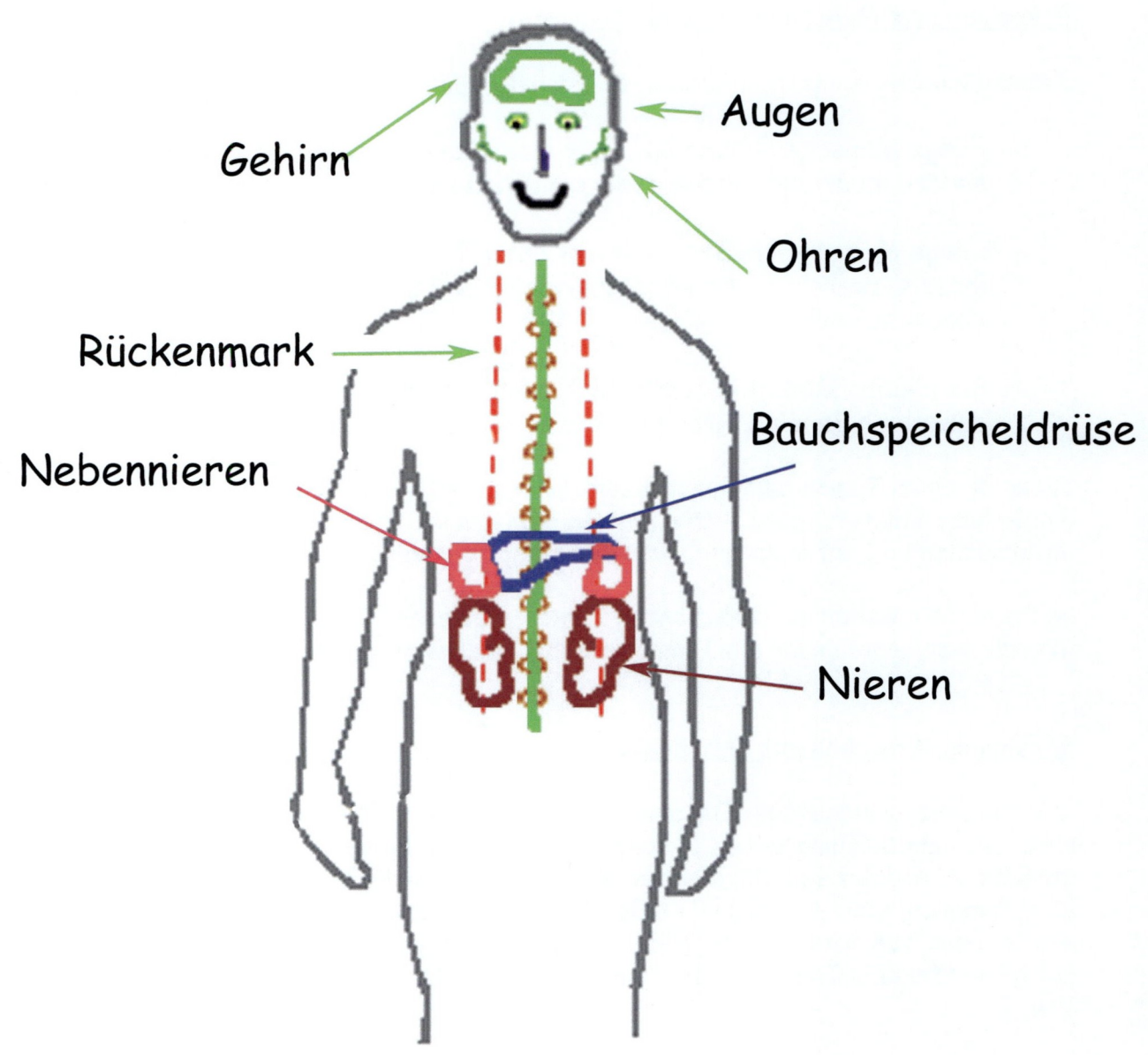

Gehirn

Augen

Ohren

Rückenmark

Bauchspeicheldrüse

Nebennieren

Nieren

<u>Bekommen alle Menschen mit **VHL** Tumoren?</u>

Jeder Mensch ist unterschiedlich, selbst innerhalb der eigenen Familie.

- Einige Menschen haben im Laufe ihres Lebens nur ein paar **Tumoren**, andere mehr und wieder andere möglicherweise sogar gar keine.

- Einige Menschen haben vielleicht einen **Tumor** in nur einem Bereich ihres Körpers, andere wiederum mehrere **Tumoren** in mehreren Körperbereichen.

- Bei einigen Menschen wachsen **Tumoren** möglicherweise mehrmals in denselben Bereich ihres Körpers.

Wenn du einen **Tumor** bekommst, heißt das nicht, dass du dir Sorgen machen oder Angst haben musst. Deine Ärzte werden dich immer regelmäßig und eingehend untersuchen und dafür sorgen, dass der Tumor dir keine Probleme bereitet.

Nicht nur Menschen mit **VHL** können **Tumoren** bekommen. Jedem Menschen kann überall in seinem Körper ein **Tumor** wachsen, auch wenn er kein **VHL** hat.

<u>Bekommen Menschen mit **VHL** **Krebs**?</u>

Manchmal verwandeln sich **Tumoren** in **Krebs** und manchmal nicht. **Krebs** entsteht, wenn bestimmte Tumorarten zu sehr wachsen und in andere Bereiche des Körpers streuen. Allerdings sind die meisten **VHL**-Tumoren nicht bösartig. Manchmal können sich **Tumoren**, die zum Beispiel an den **Nieren** entstehen, in **Krebs** verwandeln. Wenn Ärzte diese **Tumoren** jedoch frühzeitig entdecken, können sie die **Tumoren** – falls nötig – entfernen. Jeder Mensch kann **Krebs** bekommen, nicht nur Menschen mit **VHL**.

Bild von Amy A., 10 Jahre

KAPITEL 3: WIE BEKOMMT MAN VHL?

Wie bekommt man VHL?

VHL ist eine **erbliche Erkrankung**, die man in bestimmten Familien findet. Sie kann von deinen Großeltern an deine Eltern weitergegeben worden sein und schließlich an dich. Höchstwahrscheinlich hat auch ein Elternteil von dir **VHL**. Ein Elternteil mit **VHL** kann dir diese Krankheit, genauso wie andere äußerliche Merkmale (z.B. deine Augen- oder Haarfarbe), ohne es zu wissen, vererbt haben. Vielleicht gibt es in deiner Familie noch andere Menschen, die auch **VHL** haben, wie z.B. ein Großelternteil, dein Bruder, deine Schwester, deine Tante oder dein Onkel. **VHL** ist nicht die einzige **erbliche Erkrankung**, die es gibt. Auch viele andere Krankheiten werden vererbt.

Du kannst **VHL** nicht bekommen, wenn du einen Menschen, der **VHL** hat, berührst. **VHL** ist auch nicht ansteckend, wie z. B. eine Erkältung. Jeder Mensch mit **VHL** wurde damit bereits geboren.

In sehr seltenen Fällen wird **VHL** nicht von einem Elternteil an das Kind weitervererbt. Manchmal ist ein Mensch das erste Mitglied der Familie, das **VHL** bekommt. Das bedeutet nicht, dass dieser Mensch irgendetwas Bestimmtes getan hat und daher nun **VHL** hat. Er ist einfach damit geboren worden.

Woher weiß ich, dass ich VHL habe?

Eventuell hast du bereits schon einmal **Symptome** gehabt, die mit **VHL** in Verbindung gebracht wurden und wurdest von deinem Arzt untersucht. Ein **Symptom** kann ein Gefühl, eine Empfindung oder ein Schmerz sein, wodurch du dich anders fühlst als sonst. Es ist auch möglich, dass du gar keine **Symptome** hast, aber du hast ein Familienmitglied mit VHL. In beiden Fällen möchten dich deine Eltern auf **VHL** untersuchen lassen. Die Ärzte können dann sicherstellen, dass man sich richtig um dich kümmert.

Der einzige Weg, um wirklich sicher zu sein, dass du **VHL** hast, ist ein **Gentest**. Wie so ein Test funktioniert, erfährst du in Kapitel 4. Zusammen mit deinen Eltern, Ärzten und deinem **genetischen Berater** entscheidest du, ob dieser Test für dich in Frage kommt.

Bild von Carissa K., 9 Jahre

KAPITEL 4: WAS SIND DNA UND GENE?

Da **VHL** eine **erbliche Erkrankung** ist, ist es wichtig zu wissen, was **DNA** und **Gene** sind. So kannst du am besten verstehen, wie ein **Gentest** funktioniert. Durch unsere **DNA** und **Gene** erben wir von unseren Eltern z.B. unsere Haarfarbe, Augenfarbe oder sogar auch Krankheiten.

Was ist **DNA**?

DNA ist eine Abkürzung und steht für Desoxyribonukleinsäure, was sehr schwer auszusprechen ist. Um es uns einfacher zu machen, sagen wir einfach nur **DNA**. **DNA** befindet sich in jeder **Zelle** deines Körpers und ist so winzig klein, dass du sie nicht mit bloßem Auge sehen kannst. Trotzdem ist sie jedoch in dir. Unter einem Mikroskop sieht sie aus wie ein langer, spiralförmiger Strang.

Was sind **Gene**?

Deine **Gene** sind Teile der **DNA** und sitzen wie Kügelchen auf den langen, spiralförmigen Strängen. **Gene** tragen einen speziellen Code, der deinen **Zellen** sagt, wie sie zu arbeiten haben. Deine **Gene** sagen also deinem Körper, wie du aussehen und geschaffen sein sollst! Du hast viele verschiedene Arten von **Genen** in deinem Körper. Einige deiner **Gene** sagen deinen **Zellen**, dass sie sich zu Haut- oder Herzzellen entwickeln sollen. Jedes **Gen** und jede **Zelle** hat seine bzw. ihre ganz bestimmte Aufgabe.

Schon bei deiner Geburt gab es jedes **Gen** zweimal in deinem Körper. Das eine kommt von deiner Mutter und das andere von deinem Vater. Es wird geschätzt, dass jeder Mensch zwischen 25.000 und 35.000 **Gene** in seinem Körper hat!

Vielleicht hast du z.B. ein **Gen** für braunes Haar von deiner Mutter und ein Gen für lockiges Haar von deinem Vater. Oder du hast möglicherweise ein **Gen** für grüne **Augen** sowohl von deiner Mutter als auch von deinem Vater. Deine Eltern geben ihre **Gene** an dich weiter, was dich zu einem ganz besonderen Menschen macht!

Ein **DNA** Strang in grün
(wie ein langer, spiralförmiger Faden)

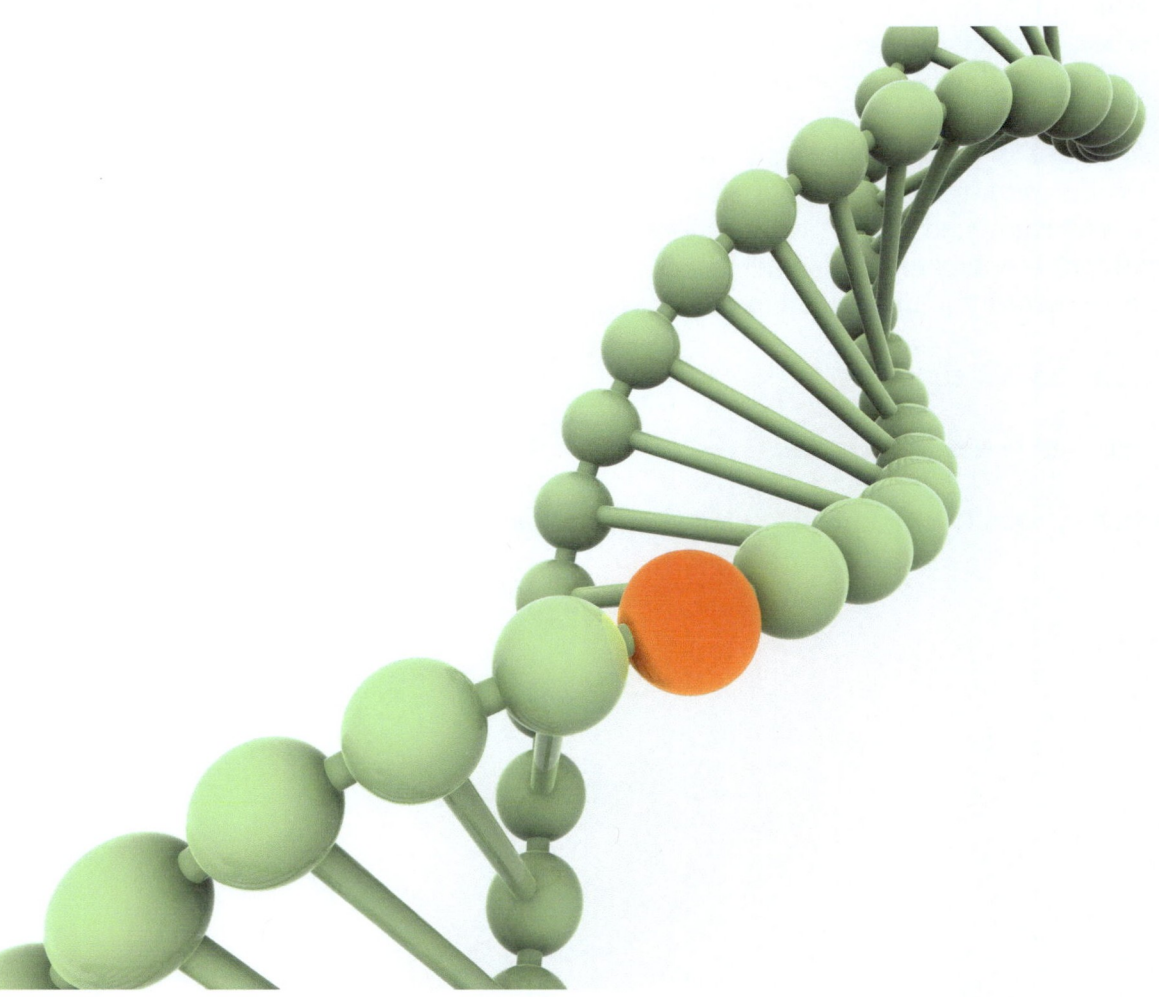

Ein **Gen** ist orange markiert
(wie ein Kügelchen auf einem spiralförmigen Faden)

Was genau machen **DNA** und *Gene* in meinem Körper?

Am besten stellst du dir die **DNA** in deinen **Zellen** wie eine Bücherei voll mit Büchern vor. Die **DNA** in deinen **Zellen** ist in verschiedene Abschnitte unterteilt. Diese Abschnitte nennt man **Gene**. **Gene** sind wie Bücher mit Worten und Buchstaben in einer Bücherei. Jedes **Gen** trägt Informationen in sich, wie deine **Zelle** wachsen soll, was sie für eine Aufgabe hat, und wie sie gesund bleibt.

Genauso wie es in einem Buch auch mal einen Rechtschreibfehler geben kann, kann sich auch der genetische Code bei einem Menschen verändern. Das nennt man dann eine **Genmutation**, und das ist es, was VHL ist: Eine **Genmutation**, ähnlich wie ein kleiner Rechtschreibfehler in einem Buch. Das bedeutet, das VHL-Buch – oder VHL-Gen – macht für die **Zellen** in deinem Körper keinen Sinn.

DNA = eine Bücherei

Gene = Bücher in einer Bücherei

Genmutation = ein Rechtschreibfehler in einem Buch

DNA = eine Bücherei

Gene = Bücher in einer Bücherei

Genmutation = ein Rechtschreibfehler in einem Buch

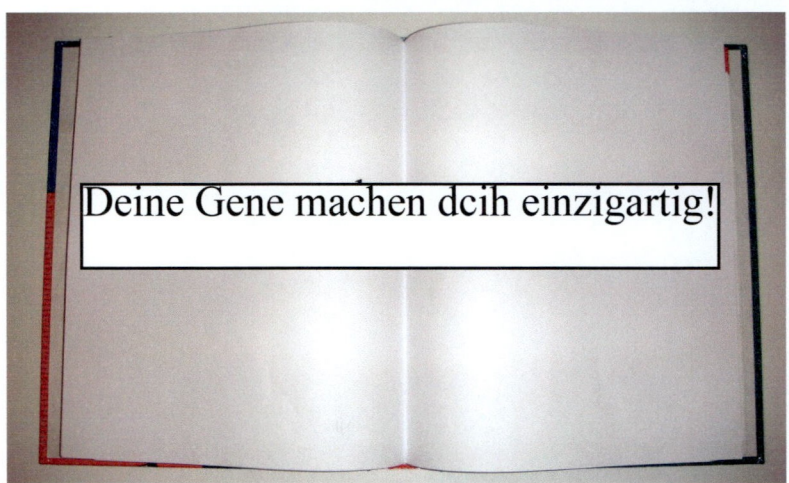

Deine Gene machen dcih einzigartig!

Wie bekommt man eine VHL-Genmutation?

Da du die eine Hälfte deiner **Gene** von deiner Mutter und die andere Hälfte von deinem Vater bekommst, hast du in jeder **Zelle** deines Körpers zwei Kopien des gleichen **Gens**.

Menschen ohne **VHL** haben zwei funktionierende **VHL-Gene**. Das bedeutet, dass sie keine Mutationen in ihren **VHL-Genen** haben. Menschen mit VHL haben eine Mutation in einem ihrer beiden **VHL-Gene**, wodurch es sein kann, dass dieses **Gen** manchmal nicht richtig arbeitet.

Jedes Mal, wenn ein Baby geboren wird, bei dem ein Elternteil **VHL** hat, gibt es eine **50-prozentige** Wahrscheinlichkeit, dass auch das Baby **VHL** haben wird. Allerdings gibt es auch eine 50-prozentige Wahrscheinlichkeit, dass das Baby nicht **VHL** haben wird. Dabei ist es egal, ob das Baby als das erste, zweite, dritte oder vierte Kind in der Familie geboren wird. Die Wahrscheinlichkeit eine **VHL-Genmutation** vererbt zu bekommen, ist bei jedem Baby gleich.

Wenn also ein Elternteil von dir **VHL** hat, kann sich das auf dich unterschiedlich auswirken.

- **Du hast VHL:** Du hast ein funktionierendes VHL-Gen. Das zweite **VHL-Gen** ist eine Mutation.

- **Du hast kein VHL:** Du hast zwei gesunde **VHL-Gene**. Der Elternteil von dir, der die **VHL-Genmutation** hat, hat dir also von seinen beiden **VHL-Genen** das gesunde vererbt.

Wenn du **VHL** hast, bleibt die **Zelle** so lange gesund, wie das gesunde **VHL-Gen** richtig arbeitet.

Elternteil 1: mit VHL
A = VHL-Genmutation
B = funktionierendes VHL-Gen

Elternteil 2: ohne VHL
C = funktionierendes VHL-Gen
D = funktionierendes VHL-Gen

Jedes Kind bekommt von jedem Elternteil eine Genkopie.
Es ergeben sich für diese vier Gene vier Erbmöglichkeiten:

AC: Kind mit VHL

A = VHL-Genmutation
C = funktionierendes VHL-Gen

AD: Kind mit VHL

A = VHL-Genmutation
D = funktionierendes VHL-Gen

BC: Kind ohne VHL

B = funktionierendes VHL-Gen
C = funktionierendes VHL-Gen

BD: Kind ohne VHL

B = funktionierendes VHL-Gen
D = funktionierendes VHL-Gen

Wie funktioniert ein **Gentest**?

Ein **Gentest** wird für gewöhnlich mit einer Blutuntersuchung gemacht. Dafür wird dir ein wenig Blut aus dem Arm entnommen. Die meisten Menschen sagen, es fühlt sich an wie ein kleiner Pieks. Es tut nicht sehr weh und schmerzt auch nicht lange, besonders dann nicht, wenn du dich entspannst. Ein **Gentest** wird manchmal auch mit einem **Wattestäbchen** durchgeführt. Dabei nimmst du das Stäbchen (es ist ungefähr so groß wie ein Q-Tip) und gehst damit wie mit einer kleinen Bürste in den Mund und putzt über die Innenseite deiner Wangen, um ein paar deiner Wangenzellen abzureiben. Der Test mit so einem **Wattestäbchen** kommt nicht für alle Familien in Frage. Dein Arzt wird dir sagen, welcher Test für dich der beste ist, damit er alle nötigen Informationen bekommt.

Deine Blutprobe bzw. deine Wangenzellen werden in einem **Labor** untersucht. Dort kann man feststellen, ob du **VHL** hast. Bei dem **Gentest** wird untersucht, ob ein **VHL-Gen** bei dir mutiert ist. Es ist genauso, als würde man in einem Buch nach einem Rechtschreibfehler suchen.

Bei dem **Gentest** gibt es zwei mögliche Testergebnisse:

- Ist der Test positiv, hast du **VHL**.
  (Eines deiner beiden **VHL-Gene** ist eine **VHL-Genmutation.**)

- Ist der Test negativ, hast du kein **VHL**.
  (Du hast zwei gesunde **VHL-Gene.**)

Was ist, wenn ich Angst vor dem Test habe?

Der **Gentest** mag dir ein wenig unheimlich vorkommen. Das könnte daran liegen, dass du mehr über dich und deine Gesundheit erfahren wirst, auch wenn du dich gut fühlst. Vielleicht hast du aber auch **Symptome**, über die du dir Sorgen machst. Es ist ganz wichtig, dass du mit deinen Eltern über diese Gefühle sprichst. Möglicherweise ist es schwer für dich auf die Ergebnisse des **Bluttests** zu warten. Schließlich ist es nie einfach auf etwas zu warten. Wahrscheinlich musst du mehrere Wochen warten. Wenn es geht, versuche dich mit anderen Dingen abzulenken. Das kann dir die Wartezeit ein wenig verkürzen. Schließlich wird dein Arzt oder dein **genetischer Berater** deine Eltern anrufen, um über das Ergebnis des Tests zu sprechen. Denke daran: Wie immer dieses Ergebnis sein wird, es wird nichts daran ändern, wer du bist!

Bild von Mickey P., 8 Jahre

KAPITEL 5: WAS PASSIERT, WENN ICH VHL HABE?

Was passiert, wenn ich **VHL** habe?

Wenn du **VHL** hast, wird dich dein Arzt genau untersuchen, um sicherzustellen, dass du gesund bleibst. Diese **Kontrolluntersuchung** wird normalerweise einmal im Jahr gemacht. Für deinen Arzt gibt es Empfehlungen, um festzustellen, welche **Untersuchungen** für einen Betroffenen in deinem Alter und mit deinem familiären Hintergrund die richtigen sind. Die meisten dieser **Untersuchungen** werden ebenfalls einmal pro Jahr gemacht.

Die **Untersuchungen**, die dein Arzt anordnet, sind dafür da, um zu kontrollieren, was in deinem Körper vor sich geht. Wenn man etwas kontrolliert oder überwacht bedeutet das, dass man es sich ganz genau ansieht, und das ist es, was dein Arzt bei diesen laufenden **Untersuchungen** macht. Wir nennen diese **Untersuchungen** Kontrolluntersuchungen. Diese **Untersuchungen** tun für gewöhnlich nicht weh, aber du kannst dich bei einigen etwas unwohl fühlen, weil sie dir seltsam und neu vorkommen. Dein Arzt wird dir aber vor jeder **Untersuchung** erklären können, wie sie funktioniert und was genau gemacht wird.

Welche Art von **Untersuchungen** werde ich brauchen?

Augenuntersuchung: Die meisten Kinder müssen ihre **Augen** regelmäßig untersuchen lassen, egal ob sie **VHL** haben oder nicht. Wenn du allerdings VHL hast, musst du entweder einen **Ophthalmologen** oder einen Retinalspezialisten aufsuchen. Beides sind Augenärzte. Augenärzte können durch deine **Augen** sehen und feststellen, was dahinter vor sich geht. Manchmal können sich dort kleine **Tumoren** verstecken. Dein Arzt wird sich daher deine **Augen** mit speziellen Vergrößerungsgläsern - man nennt sie auch ein **Ophthalmoskop** –sehr genau anschauen.

Eine Augenuntersuchung tut nicht weh. Dein Augenarzt leuchtet mit einem Licht in deine **Augen** und bittet dich in verschiedene Richtungen zu schauen. Vor dieser **Untersuchung** wird dir der Arzt ein paar Tropfen in die **Augen** geben, damit sie sich weiten. Die Tropfen bewirken, dass deine Pupillen (der kleine schwarze Kreis in der Mitte deiner **Augen**) ein klein wenig größer werden. Dadurch kann dein Arzt deine **Augen** noch besser untersuchen. Am besten bringst du zu dieser Untersuchung eine Sonnenbrille mit, da deine **Augen** hinterher empfindlich auf Licht reagieren können. Das geht jedoch schnell vorüber.

Hörtest: Außerdem wirst du bei einem **Audiologen** einen Hörtest machen müssen. **Audiologe** ist ein etwas ausgefallenerer Name für einen Ohrenarzt. Der Hörtest funktioniert ähnlich wie bei der Einschulungsuntersuchung, er dauert bloß etwas länger. Für gewöhnlich bekommst du dafür Kopfhörer aufgesetzt und musst auf Töne reagieren. Diese **Untersuchung** tut überhaupt nicht weh. Viele Kinder sagen sogar, dass es ihnen Spaß macht darauf zu warten, bis sie einen Ton hören!

Augenuntersuchung

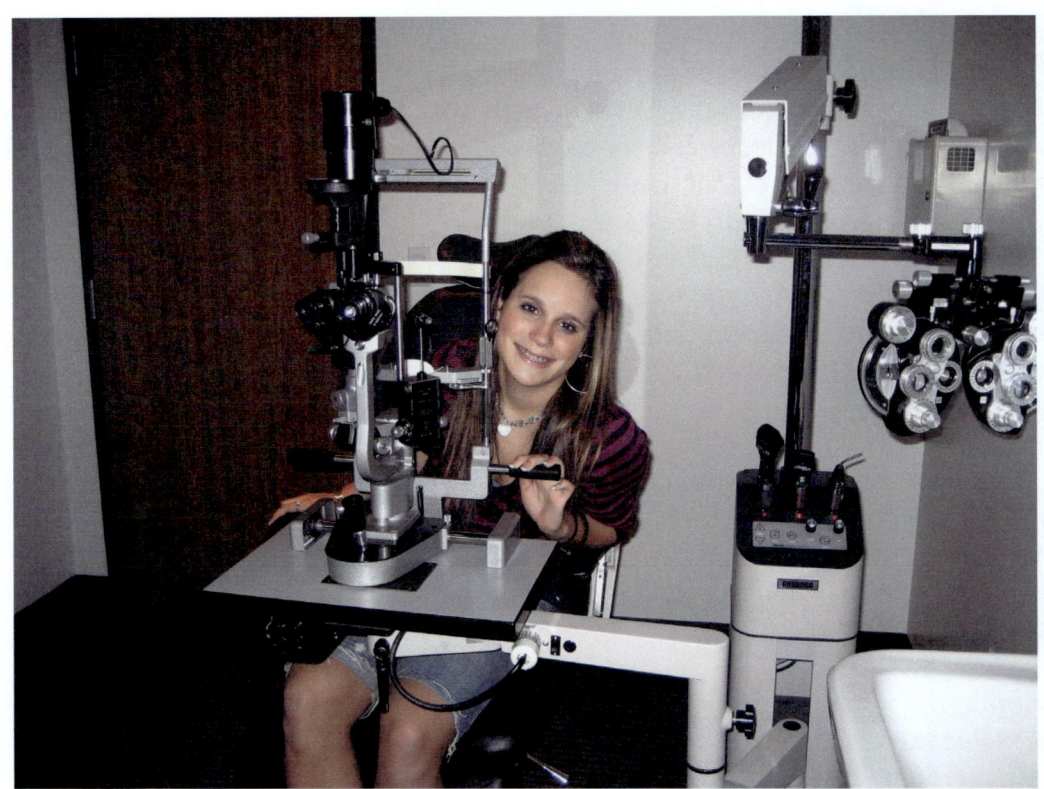

Hörtest

Urin / Blut: Eine andere **Untersuchung**, die du wirst machen müssen, ist ein 24-Stunden **Urin-** oder **Bluttest**. Diese Tests werden deinem Arzt sagen können, ob sich in deinen **Nebennieren Tumoren** gebildet haben. Diese **Tumoren** nennt man **Phäochromozytome** oder einfach nur Phäos. Wenn du den 24-Stunden **Urintest** machst, musst du einfach nur jedes Mal in einen Becher urinieren, wenn du zur Toilette musst. Anschließend füllst du den Urin um in einen Behälter und stellst ihn in den Kühlschrank. Am nächsten Tag bringst du den Behälter in ein **Labor**, wo dein Urin untersucht wird. An dem Tag, an dem du den Test machst, ist es für dich wahrscheinlich am einfachsten zu Hause zu bleiben, da du so nicht vergisst deinen Urin zu sammeln.

Wenn dein Arzt möchte, dass du anstelle des **Urintests** einen **Bluttest** machst, kannst du wahrscheinlich einfach ins **Labor** gehen. Es könnte sein, dass dein Arzt dich bittet ein paar Stunden vorher nichts mehr zu essen. Vielleicht möchtest du den Test dann gleich morgens vor dem Frühstück machen lassen, dann hast du noch nicht so großen Hunger.

Ultraschalluntersuchung des Bauches: VHL-Betroffene müssen auch eine **Ultraschalluntersuchung** des Bauches machen lassen. Bei dieser **Untersuchung** liegst du auf dem Rücken und dein Arzt spritzt dir ein wenig warmes, durchsichtiges Gel auf den Bauch. Dann streicht dein Arzt mit einem Instrument, das wie eine Computermaus aussieht, über deinen Bauch. Während er das macht, schaut er auf einen Computerbildschirm, worauf er sehen kann, wie es in deinem Bauch aussieht. Dabei erkennt er auch jedes deiner Organe. Diese **Untersuchung** tut überhaupt nicht weh, sie kann sogar ein bisschen kitzeln!

MRT – Bauch, Kopf, Wirbelsäule: Es gibt besondere Röntgengeräte, die alles in deinem Körper vom Kopf bis zu den Zehenspitzen sehen können. Eines dieser Röntgengeräte nennt man ein **MRT-Gerät**. Es ist so groß, dass du dich hineinlegen kannst. Dort drin ist es zwar sehr laut, es wird dir jedoch nichts weh tun. Sehr wichtig ist, dass du während der **Untersuchung** ganz still liegen bleibst, damit das Gerät klare Aufnahmen machen kann. Normalerweise gibt dir dein Arzt Ohrenstöpsel, damit du die lauten Geräusche um dich herum nicht hören kannst. Manche Krankenhäuser oder Arztpraxen, die ein **MRT-Gerät** haben, lassen dich während der **Untersuchung** sogar deine Lieblingsmusik über Kopfhörer hören!

Es kann sein, dass dir dein Arzt mitten in der **Untersuchung** eine Spritze mit einem **Kontrastmittel** gibt. Durch das **Kontrastmittel** werden bestimmte Bereiche deines Körpers besser sichtbar gemacht, und das **MRT-Gerät** kann deutlichere Aufnahmen machen. Eigentlich ist es eine einfache **Untersuchung**. Manche Menschen ruhen sich dabei gerne aus oder schlafen ein bisschen. Wenn du möchtest, kannst du auch deinen Teddy zum Schmusen mitbringen.

24-Stunden Urintest

Ultraschalluntersuchung des Bauches

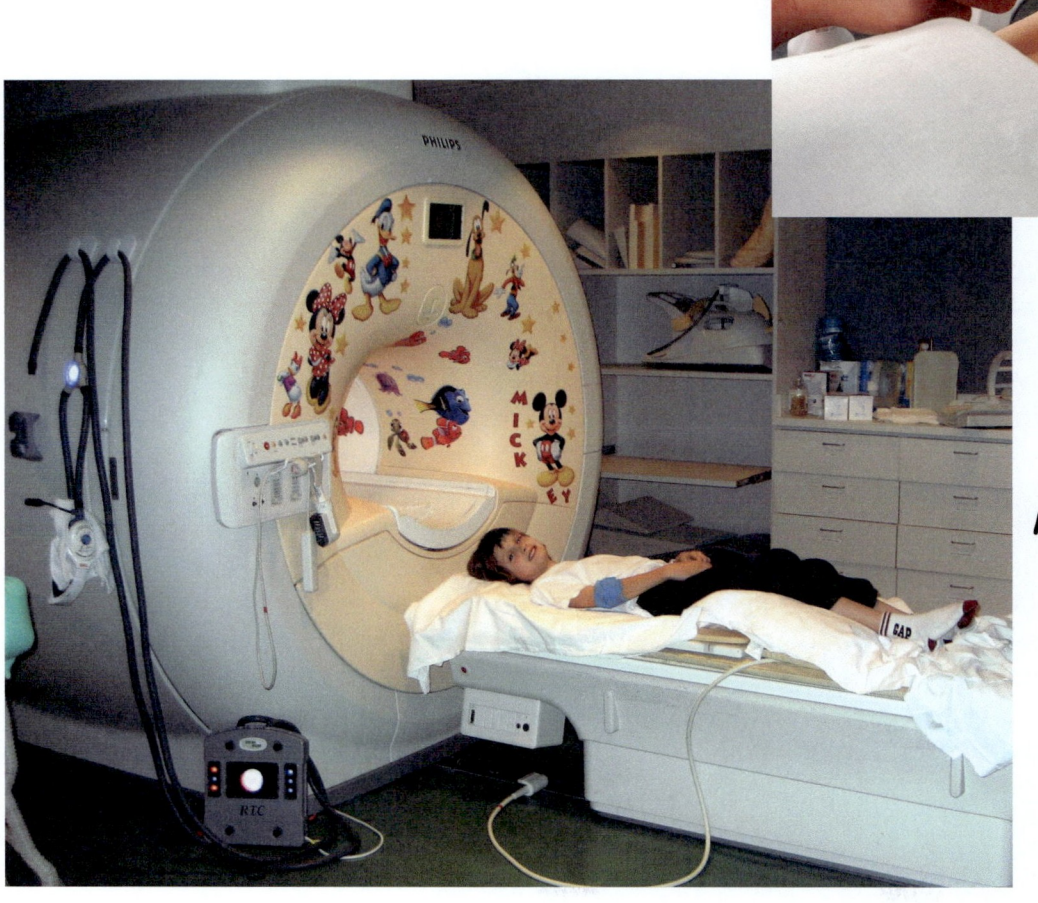

MRT-Untersuchung

KAPITEL 6: WAS PASSIERT, WENN MEINE VHL-SYMPTOME MIR PROBLEME BEREITEN?

Was passiert, wenn meine **VHL-Symptome** mir Probleme bereiten?

Meistens fühlt sich ein Mensch mit **VHL** gut. Dennoch muss man sich, wie schon in Kapitel 5 erklärt, regelmäßig untersuchen lassen. Selbst wenn ein **Tumor** entdeckt wird, muss er nicht unbedingt entfernt werden. Dein Arzt wird ihn sehr genau beobachten.

Manchmal ruft ein **Tumor** bei einem Betroffenen **Symptome** hervor, die er zuvor noch nicht hatte. Solltest du ein **Symptom** haben, das durch einen **Tumor** verursacht wird und nicht von allein wieder abklingt, verweist dich dein Arzt möglicherweise an einen anderen Arzt, der genau weiß, wie man so einen **Tumor** am besten entfernen kann. Diesen anderen Arzt nennt man einen **Chirurgen**.

Es ist wichtig für dich zu wissen, dass ein **Tumor**, der entfernt wurde, zu einem späteren Zeitpunkt an der gleichen Stelle noch einmal wachsen kann. Das passiert manchmal bei Menschen, die **VHL** haben. Solange du dich jedoch regelmäßig untersuchen lässt, wird dein Arzt so einen **Tumor** rechtzeitig entdecken.

Wie werden **Tumoren** behandelt oder entfernt?

Es gibt verschiedene Möglichkeiten, **Tumoren** zu behandeln. Dein Arzt und deine Eltern werden dir sagen, welche Behandlung du brauchst, wenn bei dir ein **Tumor** wachsen sollte. Für jede Art von **Tumor** in deinem Körper gibt es nämlich eine andere Behandlung. Der Bereich deines Körpers, in dem der **Tumor** wächst, ist ebenfalls ausschlaggebend dafür, welche Art von Behandlung am besten für dich ist. Augentumore z.B. werden oft mit kleinen Lasern behandelt, die nur die **Tumorzellen** angreifen. Dein Arzt wird mit dir darüber sprechen, wie diese Behandlung funktioniert, und wie es dir hinterher gehen wird.

Manchmal muss ein **Chirurg Tumoren** auch durch eine **Operation** entfernen. Dazu bekommst du vorher eine bestimmte Medizin, von der du für kurze Zeit einschläfst. Während du schläfst, entfernt der Arzt deinen **Tumor**. Davon wirst du aber überhaupt nichts merken, weil du ja tief und fest schläfst. Nach der **Operation** wird es eine Weile dauern, bis du dich wieder ganz gesund fühlst. Bis dahin musst du dich gut ausruhen und tun, was dein Arzt dir sagt. Am besten liest du ein Buch oder siehst dir zu Hause deinen Lieblingsfilm an. Sobald der **Tumor** entfernt ist, wirst du dich bald besser fühlen und kannst wieder normal weiterleben wie bisher.

Nach der Operation geht es schon wieder.

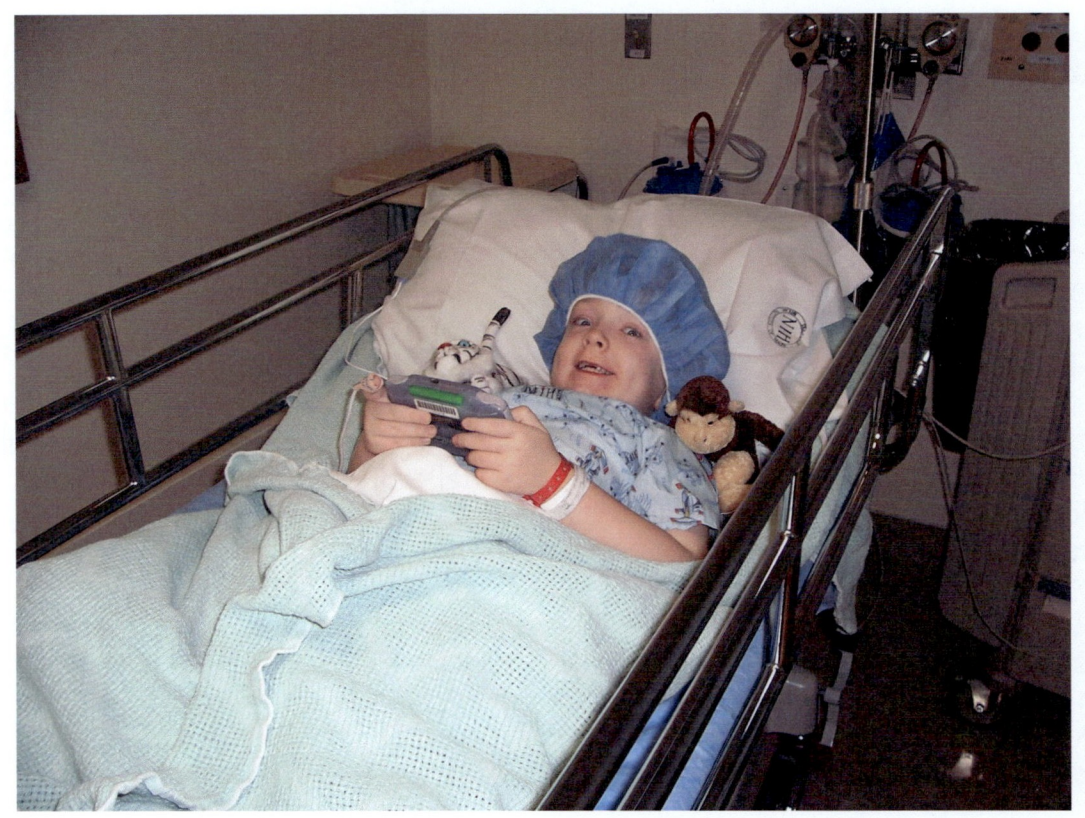

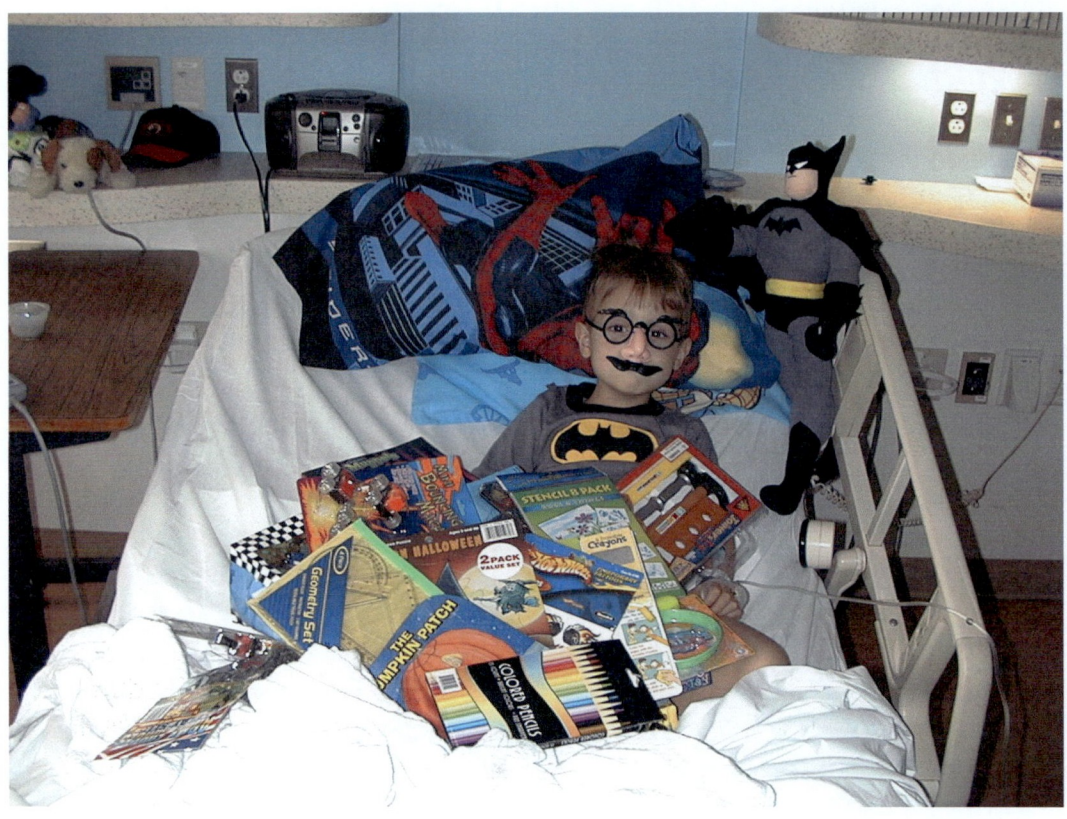

Auf welche **Symptome** sollte ich achten?

Es ist sehr wichtig, dass du deinen Eltern sofort sagst, wenn du dich nicht gut oder anders fühlst als sonst, selbst wenn es dich nicht übermäßig stört. Wenn du z.B. häufiger Kopfschmerzen bekommst als sonst oder sich dein Sehvermögen verändert, musst du es sofort deinen Eltern sagen. Sollten deine Eltern nicht in deiner Nähe sein, wenn du dich krank fühlst, sage der Person Bescheid, die für dich verantwortlich ist, und auch, dass du **VHL** hast, oder dass **VHL** bei dir zu Hause eine Familienkrankheit ist.

Es kann sein, dass du ein **Symptom** hast, dass du gar nicht als schlimm empfindest und daher meinst, es sei nicht weiter wichtig. Vielleicht schämst du dich auch darüber zu sprechen. Ein **Symptom**, das du spürst, ist jedoch ein Zeichen dafür, was im Inneren deines Körpers vor sich geht.

Nur weil du ein **Symptom** hast, bedeutet das nicht, dass du einen Tumor hast oder Angst haben musst. Das **Symptom** oder Krankheitsgefühl kann von **VHL** kommen oder aber auch nicht. Deine Eltern werden am besten wissen, wie sie dir helfen können, und wann du zu deinem Arzt gehen solltest. Es ist wichtig, dass jeder Mensch auf seinen Körper achtet, nicht nur Menschen mit **VHL**.

Hier findest du eine Liste mit **Symptomen**, auf die du achten solltest:

- <u>Kopfschmerzen:</u> Dein Kopf schmerzt und fühlt sich nicht gut an.

- <u>Sehstörungen:</u> Du siehst verschwommen, du siehst Flecken oder du siehst auf andere Art nicht mehr so gut wie sonst.

- <u>Hörprobleme:</u> Dein Hörvermögen ändert sich, oder du hörst auf einem Ohr nicht so gut wie auf dem anderen, oder du hörst auf andere Art nicht mehr so gut wie sonst.

- <u>Übelkeit:</u> Du musst dich übergeben oder hast Magenschmerzen.

- <u>Gleichgewichtsstörungen:</u> Du kannst nicht mehr aufrecht stehen oder dir ist schwindelig.

- <u>Schmerzen:</u> Irgendein Bereich deines Körpers tut dir weh.

- <u>Du fühlst dich nicht wie sonst:</u> Du hast keine Energie, fühlst dich müde, dein Herz schlägt sehr schnell, du schwitzt sehr viel, du bist nervös oder fühlst dich einfach nur krank.

Bild von James B., 12 Jahre

KAPITEL 7: WAS KANN ICH TUN, UM GESUND ZU BLEIBEN?

Kann ich VHL haben und trotzdem gesund sein?

Ja! Die meisten Menschen, die VHL haben, sind gesund und führen ein glückliches Leben. Das Wichtigste für dich ist, einmal im Jahr zu deinem Arzt zu gehen, damit er dich untersuchen kann. So bleibt deine VHL-Erkrankung unter Kontrolle. Wenn dein Arzt dich immer regelmäßig untersucht, können Probleme, die möglicherweise auftreten, rechtzeitig von ihm erkannt und behoben werden. Die Untersuchungen machen es für deinen Arzt einfacher deinen Gesundheitszustand zu überwachen und **Symptome** zu behandeln, die du hast. Denke daran, deinen Eltern sofort zu sagen, wenn du dich nicht gut fühlst, damit sie dir helfen können.

Was kann ich sonst noch tun, um gesund zu bleiben?

Bleibe bei deinen gesunden Angewohnheiten. Es ist für jeden – nicht nur für Menschen mit VHL – wichtig, gesund zu essen, Sport zu treiben (sofern es dir dein Arzt erlaubt) und ausreichend zu schlafen. Iss viel Obst und Gemüse und ernähre dich ausgewogen. Mit einer gesunden Lebensweise hilfst du deinem Körper mit möglichen Problemen, die durch VHL auftreten könnten, einfacher fertig zu werden.

Gibt es sonst noch etwas, das ich machen könnte?

Behalte eine positive Einstellung! Gute Laune ist genauso wichtig wie ein gesunder Körper. Solltest du dich einmal traurig fühlen oder dir wegen irgendetwas unsicher sein, sprich mit deinen Eltern, Familienangehörigen, Lehrern, Ärzten, Freunden oder einem **Psychologen** darüber. Ein **Psychologe** ist jemand, der mit Menschen aller Altersstufen spricht, damit sie sich besser fühlen. Es kann dir helfen, wenn du mit jemandem über dein Problem, egal was es ist, sprichst. Die Menschen sind hier, um dir zu helfen!

Bild von Alex A., 12 Jahre

KAPITEL 8: WIE WIRD VHL MEIN LEBEN VERÄNDERN?

Wird **VHL** mein Leben verändern?

Jedes Kind hat andere Gefühle, wenn es um **VHL** geht. Dein Alltag ändert sich wahrscheinlich nicht. Du wirst immer die Person bleiben, die du bist, aber die Art, wie du über bestimmte Dinge denkst, kann sich ändern. Vielleicht hast du immer mal wieder andere Gefühle, wenn du über **VHL** nachdenkst. Es wird Zeiten geben, in denen du gar nicht an **VHL** denkst, und dann wieder Zeiten, in denen du es tust.

Du fühlst dich vielleicht...

- wie das einzige Kind, das **VHL** hat.
- wütend und verärgert, weil du **VHL** hast.
- traurig, weil du **VHL** hast.
- vom Leben unfair behandelt.
- verängstigt, weil du von **VHL** irgendwann krank werden könntest.
- eingeschüchtert, weil du **Untersuchungen** oder möglicherweise **Operationen** machen lassen musst.
- genervt, weil du deine **Untersuchungen** machen lassen und zu einem Arzt fahren musst.
- von **VHL** überfordert und empfindest es als ein großes Problem.
- trotz **VHL** ganz wohl und siehst es gar nicht als ein Problem.
- sehr gut von deinem Arzt behandelt und vertraust darauf, dass er alles weiß, was in deinem Körper geschieht.
- froh, weil deine Eltern und dein Arzt dir dabei helfen gesund zu bleiben.
- glücklich, weil du noch immer die Person bist, die du schon immer warst.

Vielleicht hast du auch noch andere Gefühle, die nicht auf dieser Liste stehen. Wie immer du dich jetzt auch gerade fühlst – es ist in Ordnung. Alle deine Gefühle sind vollkommen normal, und es ist in Ordnung, dass du sie hast. **VHL** scheint Furcht erregend zu sein, aber das muss es gar nicht. Du bist nicht allein, und du bist nicht das einzige Kind, das **VHL** hat. Die meisten Kinder führen trotz **VHL** ein glückliches und gesundes Leben. Vielleicht hilft es dir mit anderen Kindern zu sprechen, die auch **VHL** haben. In Kapitel 10 erfährst du, wie du mit ihnen Kontakt aufnehmen kannst.

Bild von Noah S., 11 Jahre

KAPITEL 9: SOLL ICH ANDEREN MENSCHEN ERZÄHLEN, DASS ICH VHL HABE?

Soll ich anderen Menschen erzählen, dass ich VHL habe?

Menschen mit **VHL** sehen nicht anders aus als Menschen, die kein **VHL** haben. Niemand wird dich ansehen und wissen, dass du **VHL** hast. Der einzige Weg, auf dem deine Mitmenschen davon erfahren, bist du, indem du dich dazu entschließt, es ihnen zu erzählen. Vielleicht möchtest du aber gar nicht, dass jemand davon weiß, und das ist auch in Ordnung. Möglicherweise entschließt du dich dazu, es ein paar Menschen zu erzählen, möglicherweise aber auch niemandem. Das liegt ganz bei dir.

Wenn du gerade erst herausgefunden hast, dass du **VHL** hast, willst du vielleicht erst einmal nicht davon erzählen. Es mag dir schwer vorkommen darüber zu sprechen, besonders mit den Menschen, die dir sehr nahe stehen. Das ist in Ordnung und vollkommen normal. Wenn du irgendwann einmal darüber sprichst, wird es dir besser gehen. Als erstes sprichst du am besten mit deinen Eltern oder jemandem, der dir sehr nahe steht. Später entschließt du dich eventuell, es deinen Freunden zu sagen. Deine Eltern können dir dabei helfen zu entscheiden, welchen Freunden du davon erzählst, wie du es ihnen erzählst und wann du es ihnen erzählst. Vielleicht möchtest du es auch nur deinen engsten Freunden sagen, den Kindern, denen du vertraust, und den Kindern, denen du wichtig bist.

Werden mich meine Freunde anders behandeln, weil ich VHL habe?

Ein richtiger Freund wird dich nicht anders behandeln, weil du **VHL** hast. Richtige Freunde wissen, dass du noch immer die Person bist, die du schon immer warst. **VHL** bestimmt nicht, wer du bist, und es macht dich auch nicht anders. Du wirst immer eine ganz besondere Person sein, egal ob mit oder ohne **VHL**.

Bild von Aubrey W., 7 Jahre

KAPITEL 10: KANN ICH MIT ANDEREN KINDERN SPRECHEN, DIE AUCH VHL HABEN?

<u>Wo kann ich Kinder finden, die auch **VHL** haben?</u>

Da VHL eine seltene Krankheit ist, kann es schwer sein, andere Kinder mit **VHL** zu finden. Du magst es glauben oder nicht, aber es gibt Kinder auf der ganzen Welt, die **VHL** haben! Ein guter Weg, um andere Kinder mit **VHL** zu finden und sich mit ihnen auszutauschen, ist das Internet (mit der Erlaubnis deiner Eltern).

Wenn du die Internetseite www.hippel-lindau.de öffnest, findest du dort Links zu Selbsthilfegruppen für Kinder aller Altersstufen. Du kannst z.B. einer Chatgruppe beitreten, Beiträge lesen, Freundschaften schließen usw. Andere Kinder, die genau wie du auch **VHL** haben, können deine Gefühle sehr gut verstehen. Vielleicht hilft es dir, dich mit ihnen auszutauschen. Wer weiß, möglicherweise lernst du auf diese Art viele neue Freunde kennen!

<u>Mit wem kann ich sonst noch sprechen, wenn ich Hilfe brauche?</u>

Wann immer du mal mit jemandem sprechen musst, habe keine Angst das mit deinen Eltern zu tun. Deine Eltern können für dich auch einen Termin bei einem **Psychologen** machen. Wie bereits in Kapitel 7 erwähnt, verstehen **Psychologen** die Gefühle von Menschen sehr gut, und es ist ihre Aufgabe, dir auf jede erdenkliche Art und Weise zu helfen.

Denke daran, dass immer jemand für dich da ist. Falls du oder deine Familie Rat bzw. Unterstützung braucht, kannst du immer die VHL Selbsthilfegruppe unter 05931-929552 anrufen oder unsere Internetseite www.hippel-lindau.de besuchen.

Bild von Justin S., 7 Jahre

KAPITEL 11: WIRD ES JEMALS EINE MÖGLICHKEIT GEBEN VHL ZU HEILEN?

Gibt es eine Möglichkeit VHL zu heilen?

Jetzt in Jahre 2010 gibt es noch keine Heilung von **VHL**. Vielleicht gibt es jedoch eines Tages – möglicherweise sogar zu unseren Lebzeiten - eine Tablette, die man nehmen kann, und die das Wachstum von **Tumoren** verlangsamt oder sogar ganz stoppt. **Wissenschaftler** erforschen VHL und andere Krankheiten, um ihnen vorbeugen bzw. um sie kontrollieren zu können. Die Medizin ist dabei, immer mehr über unsere **DNA** und entsprechende Gentherapiemöglichkeiten herauszufinden. Es ist möglich, dass es eines Tages einem Arzt gelingt, ein mutiertes **VHL-Gen** gegen ein gesundes **Gen** auszutauschen.

Gibt es etwas, das ich tun kann, um eine Möglichkeit zu finden VHL zu heilen?

Ja! Du kannst dabei helfen **VHL** bekannter zu machen, indem du möglichst vielen Menschen von **VHL** erzählst. Da **VHL** eine seltene Krankheit ist, gibt es viele Menschen, die noch nie davon gehört haben. Du kannst auch eine Spendenaktion für die Selbsthilfegruppe von Hippel-Lindau veranstalten oder dich an einer solchen beteiligen bzw. mitwirken. Ermutige deine Familienangehörigen, die **VHL** haben, an einer **Klinikstudie** teilzunehmen. Dadurch können Ärzte und **Forscher** sehen, wie und ob neue Behandlungsmethoden wirken.

Können auch Kinder in meinem Alter helfen?

Ja! Kinder in deinem Alter können diejenigen sein, die eine Möglichkeit finden, VHL zu heilen! Lerne also weiterhin fleißig in der Schule und ermutige auch deine Freunde es zu tun. Erinnere sie daran, dass Bildung nicht nur für sie sehr wichtig ist, sondern für alle Menschen. Je bekannter wir **VHL** machen und je mehr wir über **VHL** lernen, desto schneller können wir gemeinsam eine Möglichkeit für die Heilung von **VHL** finden!

Bild von Megan K., 6 Jahre

WÖRTERLISTE

50% (fünfzig Prozent): Eine 50%ige Wahrscheinlichkeit ist eine von zwei Gewinnmöglichkeiten, so wie beim Werfen einer Münze. Wenn du eine Münze in die Luft wirfst, gibt es nur zwei Möglichkeiten wie sie landen kann: entweder auf dem Kopf oder auf der Zahl. Jedes Mal, wenn du die Münze wirfst, besteht eine 50%ige Wahrscheinlichkeit, dass sie mit dem Kopf oben landet.

Audiologe: Ein Audiologe ist ein Ohrenarzt, der Hörtests (Audiogramme) durchführt, um das Hörvermögen zu kontrollieren.

Augen: Die Augen sind Sehorgane, mit deren Hilfe ein Mensch sehen und Licht erkennen kann. Menschen mit VHL können Tumoren auf der Netzhaut (ein Teil des Auges) wachsen.

Bauchspeicheldrüse: Die Bauchspeicheldrüse ist ein Drüsenorgan, das sich hinter dem Magen befindet und dabei hilft, das Essen zu verdauen. Menschen mit VHL können Tumoren und Zysten in der Bauchspeicheldrüse bekommen.

Bluttest: Ein Bluttest ist ein Test, bei dem dir ein Arzt oder eine Arzthelferin mit Hilfe einer Nadel Blut abnimmt. Der Test tut nicht sehr weh, wenn du versuchst dich zu entspannen. Viele Menschen sagen, man spürt nur einen kleinen Pieks im Arm.

Chirurg: Ein Chirurg ist ein Arzt, der Operationen durchführt. Es gibt viele verschiedene Chirurgen, die auf die einzelnen Bereiche des Körpers spezialisiert sind.

DNA: DNA ist die Abkürzung für Desoxyribonukleinsäure. DNA findet man in jeder Zelle unseres Körpers. Die DNA enthält genetische Befehle, die Gene genannt werden. Sie sagen der Zelle im menschlichen Körper, was sie zu tun hat. Jeder Mensch bekommt eine Hälfte seiner DNA von der Mutter, die andere Hälfte vom Vater.

Erbliche Erkrankung: Bei einer erblichen Erkrankung wurden Gene von den Eltern an ihr Kind weitergegeben. Bestimmte Merkmale wie Haarfarbe oder Augenfarbe sind angeboren, genau wie bestimmte Krankheiten wie z.B. VHL.

Forscher: Es gibt viele verschiedene Forscher. Sie beschäftigen sich mit vielen unterschiedlichen Dingen. Forscher untersuchen, entdecken und lernen dazu. Ihr Wissen teilen sie dabei mit anderen.

Gehirn: Das Gehirn befindet sich im Kopf und ist das Hauptkontrollzentrum des Nervensystems. Es kontrolliert deine Körperfunktionen sowie deine Gedanken und ist verantwortlich für deinen Verstand. Menschen mit VHL können Tumoren im Gehirn wachsen.

Genetischer Berater: Ein genetischer Berater ist ein Experte, der Betroffenen und ihren Familien hilft mit erblichen Erkrankungen umzugehen. Ein genetischer Berater hilft den Betroffenen auch dabei, den für sie richtigen Arzt zu finden.

Gene: Gene befinden sich in jeder Zelle des menschlichen Körpers auf langen, spiralförmigen DNA-Strängen. Gene tragen die Informationen für die Zellen, die ihnen sagen, wie sie arbeiten sollen. Gene sind die Baupläne dafür, wie ein Mensch aussehen und sein soll. Jeder Mensch hat jeweils zwei Gene der gleichen Art in seinem Körper. Ein Gen kommt von der Mutter, das andere vom Vater. Es wird vermutet, dass jeder Mensch etwa 25.000 – 35.000 Gene in seinem Körper hat.

Genmutation: Eine Genmutation ist eine Veränderung der Befehle oder Signalsequenzen eines Gens. Es können viele unterschiedliche Arten von Mutationen entstehen. Manchmal wird eine Mutation auch nie entdeckt, ein anderes Mal kann eine Zelle aufgrund einer Mutation nicht mehr richtig arbeiten, und wieder ein anderes Mal entsteht durch diese Mutation bei einem Menschen eine Krankheit wie VHL.

Gentest: Bei einem Gentest werden die Gene eines Menschen untersucht. Es wird überprüft, ob es Mutationen gibt. Im Allgemeinen wird ein solcher Test in einem Labor mit Hilfe einer Blutprobe durchgeführt.

Gentherapie: Die Gentherapie ist eine Technologie, die immer noch durch Ärzte, Forscher und Wissenschaftler erforscht und weiterentwickelt wird. Der Grundgedanke dabei ist, dass Gene, die nicht richtig arbeiten oder funktionieren, entweder repariert oder gegen gesunde Gene ausgetauscht werden.

Hormone: Hormone sind Botenstoffe deines Körpers. Diese Botenstoffe gelangen auf dem Blutweg zu ihrem Bestimmungsort

Klinikstudie: Bei einer Klinikstudie werden Menschen mit bestimmten Krankheiten von Ärzten und Wissenschaftlern untersucht. Dafür führen die Ärzte verschiedene Tests durch oder geben den Patienten unterschiedliche Medikamente, um zu sehen, ob diese Tests bzw. Medikamente die Gesundheit dieser Patienten verbessern. Auf diesem Weg können Ärzte und Wissenschaftler möglicherweise Heilmethoden oder Medikamente finden, mit denen man Krankheiten vorbeugen oder sie unter Kontrolle bringen kann.

Kontrastmittel: Das Kontrastmittel ist ein bestimmtes Färbemittel. Dadurch werden bestimmte Bereiche deines Körpers während der MRT-Untersuchung besser sichtbar gemacht.

Kontrolluntersuchungen: Kontrolluntersuchungen sind Tests, die ein Arzt anordnet, um zu sehen, was sich im Körper eines Patienten abspielt. Für VHL-Betroffene gibt es für diese Untersuchungen empfohlene Kontrolltermine, die sich nach dem Alter der Betroffenen richten. Viele müssen einmal im Jahr zu einer Kontrolluntersuchung. Dies ist jedoch immer abhängig von dem Krankheitsbild des Betroffenen und seinem familiären Hintergrund.

Krebs: Krebs entsteht, wenn gesunde Zellen nicht normal wachsen. Krebsartige Tumoren werden als bösartige Tumoren bezeichnet. Bösartige Tumoren können gesunde Zellen, die sich in der Nähe solcher Tumoren befinden, zerstören und auch in andere Körperbereiche streuen.

Labor: In einem Labor arbeiten Laboranten, Ärzte, Forscher und Wissenschaftler. Dort wird geforscht und experimentiert. In medizinischen Laboren können Blut- und Urinproben untersucht werden, um mehr über den Gesundheitszustand eines Patienten zu erfahren.

MRT: MRT ist die Abkürzung für Magnetresonanztomographie. Ein MRT-Gerät macht Aufnahmen aus dem Körperinneren eines Menschen. Das Gerät braucht dafür magnetische Energie. Es wird also keine Strahlung eingesetzt. Die Aufnahmen kann man auf dem Computerbildschirm sehen. Das MRT-Gerät kann Aufnahmen von weichem Gewebe (z.B. den Nieren) oder auch hartem Gewebe (wie z.B. Knochen) machen.

Nebennieren: Die Nebennieren befinden sich jeweils oberhalb deiner beiden Nieren (die meisten Menschen haben zwei Nieren). Sie sind dazu da, um Hormone auszuschütten und chemische Prozesse zu steuern, wobei Signale von einer Zelle zur nächsten übertragen werden. Menschen mit VHL können Tumoren, die Phäochromozytome genannt werden, in den Nebennieren bekommen.

Netzhaut: Die Netzhaut ist ein Nervengewebe, das sich hinten im Auge befindet. Die Netzhaut ist wie der Fotofilm in einer Kamera, weil sie Aufnahmen von Dingen macht, die der Mensch sieht. Diese Aufnahmen werden durch den Sehnerv an dein Gehirn geschickt, damit du sie verstehst. Menschen mit VHL können Tumoren auf der Netzhaut bekommen. Ein Netzhautspezialist ist ein Augenarzt, der auf die Behandlung der Netzhaut spezialisiert ist.

Nieren: Die Nieren (die meisten Menschen haben zwei) befinden sich im Bauch und sind Organe, die das Blut filtern und Abfallprodukte ausscheiden, indem sie daraus Urin bilden. Menschen mit VHL können Zysten und Tumoren in den Nieren bekommen.

Ohren: Die Ohren sind Hörorgane. Durch sie kann der Mensch hören. Die Ohren spielen auch eine wichtige Rolle für den Gleichgewichtssinn. Menschen mit VHL können Tumoren im inneren Ohr bekommen.

Operation: Eine Operation ist für Ärzte eine Möglichkeit Tumoren zu entfernen, Verletzungen zu behandeln oder bestimmte Körperfunktionen zu verbessern. Es gibt viele verschiedene Arten von Operationen. Im Allgemeinen wird eine Operation in einem Krankenhaus durchgeführt. Während der Operation schläft der Patient. Die meisten Menschen brauchen nach einer Operation etwas Zeit, um sich zu erholen, oder bis es ihnen besser geht. Wie lange das dauert, hängt von dem Gesundheitszustand des Patienten und der Art der Operation ab, die bei ihm durchgeführt wurde.

Ophthalmologe: Ein Ophthalmologe ist ein Augenarzt, der auf Augenkrankheiten und Augenoperationen spezialisiert ist.

Ophthalmoskop: Ein Ophthalmoskop ist ein Vergrößerungsglas, das der Arzt braucht, um die Augen untersuchen zu können. Damit kann der Arzt auch erkennen, ob die Netzhaut gesund ist.

Phäochromozytome: Ein Phäochromozytom – kurz „Phäo" - ist ein Tumor der Nebennieren. Phäos können jedoch auch an anderen Stellen außerhalb der Nebennieren entstehen.

Psychologe: Ein Psychologe ist ein Experte, der Menschen aller Altersstufen hilft, mit Krankheiten, schwierigen Lebenssituationen, Stress usw. zu leben und umzugehen. Er ist jemand, der mit den Menschen, die seine Hilfe brauchen, entweder allein spricht oder zusammen mit deren Familien. Es kommt ganz auf die jeweilige Situation und die jeweiligen Bedürfnisse an.

Rückenmark: Das Rückenmark ist ein Bündel von Nerven und sieht aus wie ein Drahtgebinde. Es läuft von deinem Gehirn hinunter durch die Öffnungen in die Wirbel deiner Wirbelsäule und sendet Signale zwischen deinem Gehirn und anderen Bereichen deines Körpers hin und her. Menschen mit VHL können Tumoren im Rückenmark bekommen.

Symptom: Ein Symptom ist ein Gefühl oder eine Empfindung, durch das oder durch die sich ein Mensch anders fühlt als sonst. Ein Symptom kann ein Schmerz oder eine Schwachheit in einem bestimmten Körperbereich sein. Verschwindet ein Symptom nicht von selbst, sollte sich der Patient von einem Arzt untersuchen lassen. So kann die Ursache des Symptoms gefunden werden.

Tumoren: Tumoren sind Ansammlungen von Zellen, die nicht mehr wie gesunde Zellen arbeiten. Tumoren können entweder gutartig (nicht krebsartig) oder bösartig (krebsartig) sein.

Ultraschall: Ein Ultraschallgerät ist ein Schallmessgerät, das Schallwellen in dein Körperinneres überträgt, die von dort wieder zurückgesendet werden und auf diese Weise Aufnahmen bzw. Bilder von bestimmten Organen machen können. Der Arzt oder die Arzthelferin streicht dafür mit einer Sonde und etwas Gel über den Teil des Bauches, der untersucht werden soll. Die Aufnahmen von den Organen aus deinem Bauch erscheinen dann auf dem Computerbildschirm. Bei einer Ultraschalluntersuchung wird keine Strahlung eingesetzt.

Urintest (über 24 Stunden): Ein Urintest wird gemacht, um den Pegel der Katecholamine und Metanephrine (das sind Hormone bzw. chemische Stoffe) im Urin zu bestimmen. Der Urin wird über 24 Stunden in einem speziellen Behälter gesammelt und im Kühlschrank aufbewahrt. Sobald der Test abgeschlossen ist, muss der Behälter mit dem Urin ins Labor zur Untersuchung gebracht werden.

VHL: Ist die Abkürzung für die von Hippel-Lindau Krankheit.

von Hippel-Lindau: Ist ein Name für eine seltene erbliche Erkrankung, die das Wachsen von Tumoren in verschiedenen Bereichen des Körpers begünstigen kann. Die Krankheit ist nach den beiden Ärzten benannt, die sie entdeckt haben: Dr. Eugen von Hippel aus Deutschland und Dr. Arvid Lindau aus Schweden.

Wattestäbchen: Ein Wattestäbchen verwendet man wie eine kleine Bürste, um die Innenseite der Wange eines Menschen damit abzureiben. So erhält man Wangenzellen, die DNA enthalten. Diese DNA wird für Gentests verwendet.

Wirbelsäule: Die Wirbelsäule ist Teil des Rückens. Sie wird auch das Rückgrat genannt. Die Wirbelsäule besteht aus kleinen Knochen, die Wirbel genannt werden. Diese Wirbel halten dich aufrecht und schützen das Rückenmark, durch das viele Nerven hindurch laufen.

Wissenschaftler: Es gibt viele verschiedene Wissenschaftler. Wissenschaftler erforschen verschiedene Dinge, wie z.B. den menschlichen Körper, Tiere, die Erde, das Universum usw. Wissenschaftler führen Tests oder Experimente durch, um mehr über das herauszufinden, was sie erforschen.

Zellen: Eine Zelle ist die kleinste Einheit, aus der alle Menschen und andere lebende Wesen bestehen. Jede Zelle hat ihre eigene spezielle Aufgabe wie z.B. die Gehirn- oder die Nierenzelle. Sie besteht aus DNA und Genen, die der Zelle im Körper eines Menschen sagen, was sie zu tun hat. Es wird geschätzt, dass ein Mensch ungefähr 100 Billionen Zellen in seinem Körper hat.

Zyste: Eine Zyste ist eine Flüssigkeitsansammlung. Zysten im Bauch verursachen für gewöhnlich keine Symptome oder körperlichen Beschwerden. Im Allgemeinen arbeiten die Organe auch mit Zysten weiter wie bisher.

ÜBER DIE AUTORINNEN:

Gayun Chan-Smutko, MS, CGC, Co-Autor

Gayun erwarb ihren Master of Science in Genberatung an der Brandeis Universität und ist zugelassen durch die Amerikanische Kammer für Genberatung. Sie erhielt einen Bachelor of Science in Zellbiologie und Molekularbiologie von der Universität Michigan. Sie ist Mutter sowie leitende Genberaterin im Krebszentrum des Massachusetts General Hospitals. Seit 2002 leitet Gayun das VHL-Kompetenzzentrum.

Christina Doyle, Co-Autorin

Christina erwarb ihren Bachelor of Arts in Soziologie an der Universität von Kalifornien, San Diego. Sie hat im Herbst 2009 ein Aufbaustudium für Genberatung begonnen. Sie und ihr Vater haben VHL.

Alison Eckerman, Co-Autorin

Alison ist zweifache Mutter. Ihr Mann und ihre beiden Kinder haben VHL. Sie hat sich über viele Jahre intensiv mit VHL beschäftigt und Informationen über diese erbliche Erkrankung gesammelt. Ihr Ziel war es, das sich ihre Familie mit der Krankheit so effektiv wie möglich auseinandersetzt. Dabei konnte Alison mit ihrer Erfahrung anderen helfen. Sie hat Artikel für die amerikanische VHL Family Alliance geschrieben und Beiträge in VHL Foren verfasst.

Melissa Kruger, Co-Autorin & Chefredakteurin

Melissa erwarb ihren Bachelor of Science in Melissa erwarb ihren Bachelor of Science in Kindesentwicklung an der California State University, Fullerton, und erhielt von dort einen kalifornischen Lehrberechtigungsnachweis für mehrere Fachgebiete. Sie ist zweifache Mutter und Grundschullehrerin. Melissa und ihre Tochter sowie ihr Vater, ihre Großmutter und ihre Tante haben auch VHL.

ÜBER DIE ILLUSTRATOREN:

Unsere jungen Illustratoren sind Kinder mit VHL sowie Kinder mit einem Familienangehörigen oder Freund mit VHL. Sie haben ihre Zeit und Vorstellungskraft in das Buch investiert. Wir wissen, dass ihre wunderschönen Zeichnungen mit viel Liebe entstanden sind!

WEITERFÜHRENDE HINWEISE UND LINKS:

von Hippel-Lindau Familienverband ("VHL Family Alliance"), 2005, 2009, Das VHL Handbuch: Was Sie über VHL wissen sollten (3. Ausgabe)

VHL-Selbsthilfe in Deutschland: Informationen über die VHL-Erkrankung sowie über die Angebote der VHL-Selbsthilfe gibt es unter: http://www.hippel-lindau.de

VHL in Europa: Eine Verweisseite über Informationen über die VHL-Erkrankung in insgesamt 18 Ländern Europas ist zu finden unter: http://www.vhl-europa.org

VHL-Selbsthilfe in den USA: Die amerikanische VHL-Selbsthilfe (VHL Family Alliance) bietet viele Informationen in englischer – aber auch anderen Sprachen – an. http://www.vhl.org

Allianz Chronischer Seltener Erkrankungen (ACHSE e.V.)

Die ACHSE ist das deutsche Netzwerk von bundesweit tätigen Selbsthilfeorganisationen für Seltene Erkrankungen. Die VHL-Selbsthilfe ist Mitglied der ACHSE.. http://www.achse-online.de

ACHSE.info: Patienteninformationen zu vielen seltenen Erkrankungen sind zu finden unter: http://www.achse.info

Honorarfreie Bilder von: www.dreamstime.com und www.fotolia.com

DANKSAGUNGEN:

Vielen Dank sagen wir Anna Muriel, MD, MPH, für ihre Ratschläge, die sie uns zu unserem Buch gegeben hat, und für ihr informatives Vorwort an die Eltern.

Unser Dank geht auch an Deborah L. Jones und ihre Familie für die Beschaffung von einem Teil der finanziellen Mittel, die für dieses Projekt benötigt wurden.

Wir möchten auch allen Kritikern – sowohl Experten als auch Eltern – dafür danken, dass sie sich die Zeit genommen haben unser Buch zu lesen und wertvolle Verbesserungsvorschläge zu machen.

Zum Schluss möchten wir den wundervollen Kinderratgeber "FAP & Me" würdigen, der unserem Buch als Arbeitsvorlage diente und unser Ausgangspunkt war. "FAP & Me" ist eine Publikation der U.S. National Society of Genetic Counselors.